PREMIÈRE PRÉFACE

DE LA

TROMPETTE

LILLE
IMPRIMERIE VITEZ-GÉRARD, RUE NATIONALE, 140.

1884

PREMIERE PREFACE

DE LA

TROMPETTE

PREMIÈRE PRÉFACE DE LA TROMPETTE

Certains journaux excitent la France contre la Prusse.

Et cependant, dans le monde des gens qui tiennent à vivre en paix, ces journaux ne causent pas le moindre souci ; l'on ne songe pas à neutraliser leur action par une action opposée ; l'on paraît penser que ces journaux ne peuvent avoir aucune influence sur les rois, c'est-à-dire sur les hommes qui font la paix et déclarent la guerre.

Si l'on pense que ces journaux ne peuvent avoir aucune influence sur les rois, l'on doit penser aussi que les avocats des tribunaux ne peuvent avoir aucune influence sur les juges des tribunaux. Les juges des tribunaux sont aussi éclairés sur les choses de la profession de juge, que ne le sont les rois sur les choses de la profession de roi ; par conséquent, s'il ne se peut pas que ces journalistes aient de l'influence sur les rois, il ne se peut pas non plus qu'un avocat en ait sur les juges. Dire que les avocats ne servent à rien, ne serait-ce pas émettre une opinion tellement paradoxale, que les auditeurs seraient fort en droit de demander des explications ? Non-seulement l'avocat peut être utile à sa cause, mais le journaliste qui plaide pour la guerre, a souvent plus beau jeu que l'avocat qui plaide pour n'importe quoi, car à celui-ci l'on oppose presque toujours un autre avocat, qui a pour mission de le contredire et de mettre en relief la chose contraire ; tandis que le journal qui plaide pour la guerre, n'a jamais pour adversaire un journal qui plaide pour la paix.

Les hommes qui pensent qu'en plaidant leur cause l'on n'avancerait à rien, doivent néanmoins vouloir qu'on le fasse, puisque en cas d'erreur de leur part, leur cause ne gagnerait pas si l'on ne plaidait pas, ce qu'elle gagnerait si l'on plaidait. Ces hommes peuvent penser que si l'on plaide leur cause, l'on n'avancera pas à quelque chose ; mais ils doivent être certains que si on ne la plaide pas, l'on n'avancera à rien. Ces hommes peuvent penser qu'on n'avancerait pas à quelque chose en disant de temps en temps au gouvernement : *Napoléon I, Napoléon III et Gambetta sont tombés par la guerre;* — mais si l'on ne dit jamais cela au Gouvernement, l'on n'aura jamais rien fait pour qu'il ne l'oublie pas.

Je vais montrer l'influence des journaux belliqueux.

—o—

Nos démêlés, avec la Prusse, datent et proviennent de la guerre qui a eu lieu en 1866, entre la Prusse et l'Autriche.

Dès que la Prusse a eu vaincu l'Autriche, un certain nombre de journaux français ont crié contre les Prussiens en général, et contre M. de Bismarck en particulier. Selon ces journaux, M. de Bismarck était un fin joueur ; mais ils connaissaient tout son jeu ; ils connaissaient aussi toute sa perfidie, et conseillaient à la France de s'agrandir sur le Rhin, en compensation des agrandissements de la Prusse. N'ayant pas réussi alors à faire attaquer les Prussiens, ils ont dit que la paix honteuse dans laquelle on vivait, était pire que la guerre. S'ils l'avaient osé, ils auraient classé Napoléon III parmi les rois fainéants.

Les articles agressifs et belliqueux qui ont été

faits avant 1870, par certains journaux, ont pu être cause que beaucoup de Français ont pris les Prussiens en grippe, *et vice versa*. Ces articles ont pu être cause qu'en juillet 1870, l'on a tant crié et si haut : *A Berlin! à Berlin!* pour une candidature qui n'avait pas plus d'importance contre la France, que n'avait eu contre l'Allemagne, en 1830, la candidature du fils de Louis-Philippe au trône de la Belgique.

Les cris : *A Berlin!* ont pu avoir une certaine influence sur Napoléon III qui, lui aussi, lisait ces journaux et subissait peut-être aussi leur influence. De même que Ledru-Rollin, en 1848, Napoléon III a pu être entraîné, ou — soit pour rejeter, soit pour faire partager la responsabilité de cette guerre — feindre d'être entraîné par des hommes dont il était le Chef. Pour voiler sa passion pour la guerre, pour se justifier de commettre un acte blâmable et insensé, Napoléon III a pu dire et se dire : *Je suis le chef de cette foule bruyante, donc il faut que je lui obéisse et que j'aille à Berlin si je puis.*

M. Thiers aurait peut-être été mieux écouté à la Chambre, la veille de la déclaration de guerre, si les cerveaux n'avaient été chauffés par aucun journal. Si M. Thiers avait été mieux écouté, Napoléon n'aurait peut-être pas déclaré cette guerre, surtout après le retrait de la candidature Hoenzolern. Et si Napoléon n'avait pas déclaré cette guerre, nous aurions encore l'Alsace. Tel est l'avantage que la France a retiré du zèle de ceux des journalistes qui paraissaient la chérir le plus.

Tout journal qui excite à la guerre, trouve toujours quelque semblant de raisons pour la justifier. Quand il n'a pas pour prétexte la revendication de l'Alsace, il crie contre les annexions de M. de Bismarck en Allemagne; il déteste le traité de 1815 — traité qui nous fit rendre les 44 départements que Napoléon Ier avait annexés —; ou bien il dit qu'on devrait avancer les limites de la France, jusqu'à telle montagne, jusqu'à tel cours d'eau. S'il a la volonté des pays qu'il veut annexer, il vante bien haut cette volonté; s'il ne l'a pas, il veut les annexer pour un autre motif. S'il chicane pour que la France ait la Savoie, — pays où l'on parle le français —, il dit que la langue est un gros argument; s'il chicane pour que la France avance sa frontière jusqu'à Cologne et Coblentz, il invoque la limite naturelle du Rhin, et la langue ne compte plus.

Le journal qui veut la revanche, relève tout ce qui peut être dit contre les Prussiens, et dissimule ce qui peut être dit contre les Français et les Alsaciens : Par exemple, il dit que sous le règne de Napoléon III, les soldats prussiens ont emporté des montres de la France ; mais il n'ajoute jamais que, sous le même règne, les soldats français ont rapporté des foulards de la Chine. Si les Alsaciens ont un intérêt mercantile à être français, le journal qui veut la revanche, se garde bien de le dire, et la plupart des lecteurs sont exposés à ne jamais le savoir.

En ce moment, l'on dit qu'il faudrait faire la guerre à la Prusse, afin de casser le traité de Francfort qui, paraît-il, écrase notre industrie. Dans ce traité de paix il est dit que *les traités de commerce entre la France et la Prusse, seront faits réciproquement aux mêmes conditions que celles de la nation la plus favorisée.*

L'industrie française n'est écrasée que parce que la France y consent volontairement. Rien ne nous empêche de fermer toutes nos frontières, ni de les ouvrir au tarif qui nous plaît. Nous sommes uniquement obligés de ne pas établir à la frontière prussienne, des tarifs plus élevés qu'à la frontière d'une autre nation. Cette question d'industrie est donc un prétexte de guerre. Au reste, l'on ne m'étonnerait pas si l'on m'apprenait que cette clause du traité de Francfort, se trouve en toutes lettres dans presque tous nos traités de commerce, c'est-à-dire que nous accordons volontairement à presque toutes les nations, les mêmes faveurs qu'à la nation la plus favorisée.

Nous ne protégerions guère notre industrie en fermant notre frontière prussienne, si nous ne fermions pas nos frontières belges et autres, car les marchandises prussiennes entreraient par la Belgique, comme elles entraient en 1871, par l'Alsace à laquelle on avait laissé toute grande ouverte la frontière française. Si l'on avait continué cette faveur, l'Alsace à elle seule aurait inondé la France, car elle était censée produire toutes les marchandises prussiennes que les Français achetaient en toute franchise de douane.

—o—

Par l'effet des traités de commerce qui écrasent notre industrie, le vigneron vend son vin au moins ausi cher, et il paie son sucre, ses vêtements, ses bimbloteries, moins cher que sous un régime de protection. Pour lui, il y a avantage sous tous les rapports, et il peut dire pour sa défense, qu'il n'est pas venu au monde pour enrichir les fabricants de sucre à ses dépens ; que si les fabricants de sucre étaient à sa place, ils en feraient autant. — C'est bien vrai.

Cependant, le vigneron a tort, s'il dit qu'il est un patriote. Les traités de commerce font vendre plus de vin et plus cher ; mais ce surplus n'égale pas ce que ces traités font perdre sur les prix et sur la quantité en consommation des autres produits français. La France est plus frappée par son industrie, qu'enrichie par ses vignes. S'il est vrai que l'argent est le nerf de la guerre, le vigneron fortifie l'étranger, et il affaiblit son pays.

Et quand le fabricant de sucre sera tout à fait ruiné, il fermera tout à fait sa fabrique, et ses ouvriers feront ce qu'ils pourront. Ils iront peut-être dans une autre Patrie, et leurs enfants ne seront point soldats en France. Quant aux ouvriers prussiens qui font en Prusse le sucre que nos vignerons leur achètent, ils émigreront moins en Amérique, et les enfants de ceux qui n'auront pas émigré, seront soldats en Prusse.

Je ne prends parti ici ni pour ni contre nos traités de commerce. Je tiens uniquement à faire remarquer que les journaux qui ne plaident pas pour la *protection*, feraient bien de ne pas afficher fort haut leur patriotisme.

—o—

La bonne et vraie justice prescrit que tout débat soit soumis à certaines règles ; que tout ce qu'on dit et tout ce qu'on écrit, soit exposé à la contradiction, et la contradiction à la réplique ; que le débat ne soit pas clos avant qu'il soit épuisé ; que l'on fasse le possible pour diminuer, amortir l'avantage qu'il y a à parler le dernier ; que ceux qui participent au débat n'en soient pas les juges, et que ceux qui le jugent ne forment leur verdict, que d'après les arguments émis dans ce débat contradictoire. Telles sont ou à peu près les formes de la justice, formes dont plus d'un avocat a dit qu'elles sont l'essence même de la justice.

A cela l'on peut me répondre qu'il est parfois bien difficile d'observer les formes ; mais il est vrai aussi que l'on ne fait pas ce que l'on peut à cet égard. On fait plutôt ce que l'on veut.

Entre auteurs et lecteurs, les formes de la discussion sont souvent viciées, soit au profit, soit au préjudice de l'auteur. Si le lecteur lit, sans savoir la contredire, une chose susceptible de contradiction, et qu'il donne raison à l'auteur, cet auteur n'a-t-il pas le bonheur d'être jugé sans avoir subi cette contradiction éventuelle ? — Et si le lecteur, à part lui-même, c'est-à-dire à l'insu de l'auteur, le contredit et se donne raison à lui-même, cet auteur n'a-t-il pas le malheur d'ignorer par quel argument il a été réfuté ?

Il peut arriver aussi qu'un homme de lettres fasse bon marché des formes.

Il y a gros à parier qu'un homme de lettres n'accepterait pas le débat contradictoire, si un lecteur lui opposait des arguments embarrassants. Par exemple, si un lecteur disait à l'un des journaux royalistes qui excitent à la guerre contre la Prusse : *Le cinquième Commandement de Dieu prohibe l'homicide. Le chrétien a peut-être une excuse quand il est attaqué; mais il n'en a pas quand il attaque.*

Charles **PIPELART**,
A CARVIN (Pas-de-Calais)

Lille, imp. Vitez-Gérard, rue Nationale, 140.

www.ingramcontent.com/pod-product-compliance
Lightning Source LLC
Chambersburg PA
CBHW070437080426
42450CB00031B/2699